ÉTUDES DE PHILOSOPHIE NATURELLE

3me SÉRIE : N° 6

DU PREMIER INSTANT

DANS LA SÉRIE

DES ÊTRES ET DES ÉVÉNEMENTS

PAR

J.-ÉMILE FILACHOU

Docteur ès-Lettres.

> « Je suis ce qui a été, qui est, et qui sera : et nul n'a encore soulevé le voile qui me couvre. »
> PLUT. *Traité d'Isis et d'Osiris*.

MONTPELLIER
Félix SEGUIN, Libraire-Éditeur
Rue Argenterie, 25.

PARIS
DURAND & PEDONE-LAURIEL
Rue Cujas, 9.

1879

Suite des Ouvrages du même Auteur

N° 8. De l'ordre et du mode de décomposition de la lumière par les bords minces. 1 vol. in-12.
N° 9. Le système du monde en quatre mots. 1 vol. in-12.
N° 10. Classification raisonnée des Sciences naturelles. 1 vol. in-12.

2ᵉ SÉRIE : N° 1. La mécanique de l'esprit conforme aux principes de la classification rationnelle. 1 vol. in-12.
N° 2. Organisation et unification des sciences naturelles. 1 vol. in-12.
N° 3. L'Histoire naturelle éclairée par la théorie des axes (avec planche). 1 vol. in-12.
N° 4. La mécanique de l'esprit par la trigonométrie. 1 vol. in-12.
N° 5. La Classification rationnelle et le Calcul infinitésimal. 1 vol. in-12.
N° 6. La Classification rationnelle et la Phénoménologie transcendante (avec planche). 1 vol. in-12.
N° 7. La Classification rationnelle et la Géologie (avec planche). 1 vol. in-12.
N° 8. La Classification rationnelle et la Pragmatologie psychologique. 1 vol. in-12.
N° 9. La Classification rationnelle et la Pneumatologie mécanique. 1 vol. in-12.
N° 10. Éléments de Psychologie mathématique. 1 vol. in-12.

3ᵉ SÉRIE : N° 1. Identité du Subjectif et de l'Objectif (avec planche). 1 vol. in-12.
N° 2. Le vrai système général de l'Univers. 1 vol. in-12.
N° 3. Origine des Météorites et autres corps célestes. 1 vol. in-12.
N° 4. Sources naturelles du Surnaturel. 1 vol. in-12.
N° 5. Prodrome de Chimie rationnelle. 1 vol. in-12.

Montpellier. — Typogr. Boehm et Fils.

ÉTUDES DE PHILOSOPHIE NATURELLE

3ᵐᵉ Série : N° 6

DU PREMIER INSTANT

DANS LA SÉRIE

DES ÊTRES ET DES ÉVÉNEMENTS.

POUR PARAITRE SUCCESSIVEMENT :

N° 7. Fins et moyens de Cosmologie rationnelle. 1 vol. in-12.
N° 8. De la Contradiction en philosophie mathématique. 1 vol. in-12.
N° 9. Du Péché originel et de son irrémissibilité. 1 vol. in-12.
N° 10. Transcendance et variabilité des idées réelles. 1 vol. in-12.
4ᵉ Série : N° 1. Grâce et Liberté, fondements du monde visible. 1 vol. in-12.
N. 2. Commentaire philosophique du premier chapitre de la Genèse. 1 vol. in-12.
N. 3. Erreurs et vérités du Transformisme. 1 vol. in-12.
N° 4. De la nature et du devenir des Corps en général. 1 vol. in-12.
N° 5. Nouvelles considérations sur les Corps célestes en général et en particulier. 1 vol. in-12.

Montpellier. — Typ. Boehm et Fils.

ÉTUDES DE PHILOSOPHIE NATURELLE
3ᵐᵉ SÉRIE : Nº 6

DU PREMIER INSTANT

DANS LA SÉRIE

DES ÊTRES ET DES ÉVÉNEMENTS

PAR

J.-ÉMILE FILACHOU

Docteur ès-Lettres.

« Je suis ce qui a été, qui est, et qui sera : et nul n'a encore soulevé le voile qui me couvre. »
PLUT. *Traité d'Isis et d'Osiris.*

MONTPELLIER | PARIS
Félix SEGUIN, Libraire-Éditeur | DURAND & PEDONE-LAURIEL
Rue Argenterie, 25. | Rue Cujas, 9.

1879

AVANT-PROPOS

Deux questions bien faites pour dépiter le chercheur le plus patient sont celles, que nous venons aujourd'hui traiter, de l'*origine des choses* et de la *vitesse de la lumière*. Ne soupçonnant point de prime abord entre elles la moindre corrélation, nous les étudiions indépendamment l'une de l'autre, et, sans doute, il nous arrivait souvent de croire les avoir résolues, quand, revenant quelque temps après sur notre travail pour y mettre la dernière main, nous reconnaissions qu'il était loin de répondre à notre attente. Notre perplexité n'a cessé que le jour où, désespérant de les résoudre convenablement à part, nous avons essayé de les rapprocher et de demander à chacune l'éclaircissement de l'autre : alors, la lumière s'est faite comme d'elle-même, et nous n'avons plus douté du succès de notre tentative. Si nous avons réussi, nous en concluons que, dans le ressort *intellectuel* aussi bien que dans le *physique*, pour apercevoir la lumière il ne suffit point d'avoir des yeux, mais qu'il faut en diriger le regard dans un plan souvent très-particulièrement déterminé, comme c'est le cas en polarisation. Cette expérience des phénomènes de polarisation nous prouve que, quoique immédiatement percevable, la lumière *physique* ne l'est pourtant pas toujours, et qu'en bien des rencontres la perception a besoin d'en être préparée par une certaine orientation *formelle* préalable : ainsi, le *physique* peut être sous la dépendance du *formel*. Mais, par la même raison, l'orientation *formelle* peut à son tour dépendre d'une prédisposition *virtuelle* ou morale, sans laquelle on ne la contracterait jamais. L'illumination de l'Esprit ne dépend donc pas seulement d'un heureux hasard, mais de la manière dont on se dispose à profiter des circonstances favorables ; et, sous ce rapport, la découverte de la vérité peut être regardée comme une illumination réciproque de l'externe et de l'interne, ou de l'objectif et du subjectif, séparément réduits, faute de concours mutuel, à la plus complète impuissance.

Cassagnoles, ce 7 mars 1879.

DU PREMIER INSTANT

DANS LA SÉRIE

DES ÊTRES ET DES ÉVÉNEMENTS

1. Un écrivain libre-penseur [1] publiait, il y a quelques années, sur le ciel astronomique, un livre dans lequel il prétend renverser, par un argument irrésistible et d'un seul coup, toutes les croyances bibliques et chrétiennes ; il y tire cet argument de la *vitesse* de la lumière, qu'il s'imagine être absolument invariable dans l'espace, et qu'il répute alors égale à quelque soixante-dix-sept ou quatre-vingt mille lieues par seconde, chose qu'on a bien pu vérifier assez exactement dans le système solaire, de soleil à planète, mais non au-delà, d'étoile à étoile, et d'où cependant il ne craint point d'inférer aussi

[1] A. Guillemin, *Les Mondes*, pag. 51-60.

tôt sans scrupule que, la lumière mettant huit minutes à nous arriver du soleil, elle doit par la même raison mettre, par exemple, trois ans à nous arriver de l'étoile la plus voisine de la terre, et dix ans, cent ans, cent mille ans, à nous arriver des étoiles de plus en plus éloignées ; c'est pourquoi quand Moyse nous dit ou fait entendre que Dieu créa le Ciel et la Terre en moins d'une semaine, et que par suite l'Homme, son dernier ouvrage, ouvrant pour la première fois les yeux à la lumière et les dirigeant vers le ciel, le vit subitement tel à peu près que nous le voyons présentement, il nous conte et nous acceptons une pure fable qui n'a pas l'ombre du sens commun.

2. Nous aurions souhaité qu'un homme plus versé que nous dans les sciences physiques eût entrepris de répondre à cette argumentation si téméraire ; mais personne ne l'ayant fait et cette question nous paraissant d'ailleurs mériter d'être prise en sérieuse considération, nous essayerons de la traiter à notre manière, en ne séparant point l'un de l'autre les deux points de vue *physique* et *philosophique* sous lesquels il est possible de

l'envisager. Néanmoins, nous la traiterons d'abord au point de vue *physique* pur, avant de la traiter ensuite *physiquement* et *philosophiquement* tout à la fois ; mais, ainsi restreinte, elle peut se vider contre A. Guillemin en quelques mots, ainsi qu'il suit.

Il est certain qu'on ne peut rien conclure d'une *hypothèse*, ni d'une *incertitude*, ni d'une *improbabilité* manifestes. Or, le principe, posé par A. Guillemin, d'une constante égalité de marche pour la lumière en tout l'espace, réunit tous ces défauts.

D'abord ce principe est notoirement hypothétique. Ainsi s'exprime l'un de nos plus éminents astronomes, M. Faye, dans ses *Leçons de Cosmographie*, pag. 345 : « La vitesse de la lumière est donc de $\frac{307000000}{996} = 307,000$ kilomètres ou 77,000 lieues par seconde, *en supposant* que son mouvement de propagation soit uniforme ».

Ensuite, le même principe est très-incertain, puisque le contraire est aussi possible. M. Billet, après avoir expressément admis en son *Traité d'Optique physique*, I, 72, que la lumière ne jouit d'aucune uniformité réelle et subit même d'*énormes* variations, ajoute : « MM. Fizeau et Foucault ont pu dans diverses expériences, celle des miroirs par exemple, conserver les franges avec des retards de plusieurs milliers d'onde ».

Enfin, le même principe est encore improbable, car il est admis que, jusque dans les mêmes milieux, les mouvements des agents naturels ne se propagent point avec la même vitesse au retour qu'à l'aller. « On admet, en général, lisons-nous dans le *Cosmos* (XV, 322-324), que les rayons venus du soleil et des étoiles fixes atteignent *plus facilement* la terre à travers l'atmosphère, que les rayons émis par la Terre ne remontent dans l'espace à travers cette même atmosphère. »

Le raisonnement d'A. Guillemin contre les croyances bibliques et chrétiennes est donc absolument invalide ou nul, au point de vue *physique* même, qui est le sien ; et déjà, par conséquent, son procès est une chose faite, dont nous n'aurons plus à nous occuper que pour mémoire. Mais, si nous bornions là notre réfutation, on pourrait dire qu'elle est plus négative que positive ; et, voulant la rendre aussi complète que possible, nous en aborderons actuellement le côté plus spécialement philosophique et rationnel, et démontrerons que, dans l'ensemble du moins ou bien sauf les rares étoiles variables dont le public ne s'aperçoit guère, les astres ornant aujourd'hui les cieux ont dû dès le quatrième jour les orner de même, et qu'ainsi le nombre ne s'en accroissant ni ne décroissant en demeure à jamais (Eccl., III, 14).

3. Dans cette réfutation plus spécialement philosophique, nous procéderons à l'envers de la manière dont on a coutume de procéder en pareil cas. Généralement, on établit d'abord les principes théoriques au moyen desquels on entend décider plus tard les questions en litige. Ici, parce que la question à résoudre offre les plus grandes difficultés, et pour mieux fixer alors les idées dès le début, nous procéderons autrement : nous la résoudrons d'abord au moyen de nos principes théoriques comme s'ils étaient démontrés ; puis nous démontrerons ceux d'entre eux qui peuvent être sujets à controverse.

Suivant nous, il existe trois sortes de lumières : la *virtuelle* ou face à face, incréée ; la *formelle* ou s'interposant entre objets à distance, créée ; et la *physique*, tenant à la fois des deux précédentes. On pourrait croire que la première de ces trois lumières serait aussi bien désignée par l'épithète d'*interne*, mais nous préférons adopter celle de *virtuelle*. Les deux autres sortes de lumières reviennent à celles communément désignées par les épithètes d'*électrique* et de *calorifique* ; et nommément la *formelle* correspond à l'*électrique*, comme la *physique* à la *calorifique*. Définissons ou décrivons maintenant ces trois sortes de lumières, en commençant, pour notre commodité, par la seconde ou la *formelle*.

La lumière *formelle* a d'abord au-devant d'elle, et puis (si elle se retourne) derrière elle, la *virtuelle*, sans laquelle elle n'aurait pas la moindre raison d'apparaître ; mais, une fois ainsi retournée par hypothèse, elle a toujours au-devant d'elle la *physique*, qui la suit. En conséquence, la *virtuelle* voit toujours au-devant d'elle, tournée vers ses propres produits subséquents, et la *formelle* et la *physique*, ses deux effets consécutifs ; la *physique*, au contraire, a toujours, en la supposant tournée vers son origine, au-devant d'elle, et la *formelle* et la *virtuelle*, dont la dernière est la plus distante ; enfin, la *formelle*, intermédiaire, a toujours l'une des deux autres ou derrière ou devant, n'importe dans quel sens elle soit censée regarder.

Entre ces trois lumières ainsi rangées il existe, maintenant, une grande différence qu'il s'agit d'exposer et de bien remarquer de suite. La lumière *virtuelle* n'a nul besoin, pour se poser en elle-même, de la *formelle* et de la *physique*, ses deux dépendances obligées, comme il a été dit (autrement, elle en serait dépendante à son tour, contrairement à l'hypothèse) ; et, par la même raison, la *formelle* peut parfaitement exister indépendamment de la *physique* : donc, à partir de l'origine, les trois lumières consécutives *virtuelle*, *formelle* et *physique*, subsistent complètement à part ; et, là où est la virtuelle, ni la formelle ni la physique n'existent déjà, si ce n'est comme possibles. Au contraire, partons-nous de la dernière des trois ou de la physique : nous ne pouvons aucunement en défalquer ni la formelle ni la virtuelle, dont elle est radicalement dépendante; et, par la même raison, la formelle implique essentiellement en elle-même la virtuelle, sans laquelle elle ne serait point. Voilà donc deux points essentiels acquis: toute lumière génératrice ou productrice se pose seule ou sans ses subordonnées; mais toute lumière produite se pose grosse de la lumière ou des lumières plutôt apparues qu'elle recouvre.

Mais nous pouvons aller plus loin et nous expliquer jusqu'à leur nature ou leur objet. La lumière *virtuelle* révèle les êtres, les genres absolus ou les idées premières des choses, en leur état primitif d'imaginarité réelle ou de véritable imaginarité, comme semblerait l'avoir entrevu Platon. Concevons ici réalisés les trois axes principaux d'une sphère, tous égaux à 1 d'une et d'autre part du centre, et coupés à partir de leur bout extérieur et de distance en distance, de lignes encore égales de part et d'autre, ou mieux de plans rectangulaires entre eux, de manière à former ensemble un cube total divisé, par retrait de la périphérie vers le centre, en une foule de cubes de plus en plus petits : tous ces cubes d'inégale grandeur seront une image d'autant d'êtres ou de genres absolus ou d'individualités différentes mais imaginaires, apparaissant à la seule Activité radicale ou génératrice les contemplant, au fur et à mesure qu'elle les produit, face à face. Imaginairement dépouillées de leurs dimensions imaginaires, les mêmes positions se réduisent à leurs centres respectifs imaginairement distincts encore, et correspondent à ce qu'on nomme, en philosophie, des *positions absolues*, en astronomie, les *astres*. Pris deux à deux, ces êtres individuels sont censés, alors, subsister à part comme réellement distincts, ou coexister l'un avec l'autre comme imaginaires et réels tour à tour : ils forment donc entre eux des couples analogues à ceux de soleil et de planète, et moyennant égale constitution des deux côtés (nous disons cela pour simplifier le cas, mais il ne changerait point moyennant encore identité de mesure ou de rhythme avec des côtés inégaux) des carrés.

Les cubes de tout à l'heure pouvant être tous représentés par la formule 1^3, les nouveaux carrés en aussi grand nombre pourront l'être semblablement à leur tour par la formule 1^2. De plus, les cubes de tout à l'heure représentant des êtres *personnels* absolus, les nouveaux carrés représenteront des êtres personnels relatifs ou des *forces vives*, lesquelles se suivront comme les carrés successifs 1^2, 2^2, 3^2, etc. Décomposons maintenant en leurs éléments les précédents cubes ou carrés : nous aurons d'abord des éléments distincts, puis (en cas d'agrégation progressive) des sommes d'éléments analogues aux nombres consécutifs 2, 3, etc. Ces éléments ou sommes d'éléments représenteront alors des termes du premier degré, 1^1.

Cela posé, pour continuer de nous orienter plus facilement, recommençons à considérer de préférence les termes carrés de la forme 1^2 : il est évident qu'ils ont la forme requise par tous les physiciens pour la représentation mathématique de la marche de la lumière en manière de force vive décroissant comme le carré des distances croît. Cette lumière qui se meut ainsi n'est point du genre de la lumière qui nous montre les *êtres absolus* ou les astres fixement constitués une fois pour toutes, ni même du genre de celle qui nous en montre les *éléments* inégalement ou variablement réunis. La lumière nous montrant les *êtres absolus* n'est point du ressort des sens ni même de l'imagination, mais seulement de l'esprit ; aussi n'a-t-elle point reçu jusqu'à ce jour de nom des physiciens; les théologiens seuls en ont parlé. La lumière capable d'effets *calorifiques* est, au contraire, bien connue des physiciens, et, sous ce rapport, ils auraient bien pu l'assimiler à l'Électricité dite de *quantité*. Mais, ce qu'ils n'ont pas fait et que nous allons faire, nous assimilerons à l'Électricité dite de *tension* la lumière *formelle* se propageant absolument suivant les mêmes lois que l'électricité de cette dernière espèce ; c'est pourquoi, comme nous désignons par l'épithète de *calorifique* la lumière imitant le calorique, nous appelons *électrique* la lumière conforme au type spécial de l'agent ainsi nommé. Outre que, en effet, *la lumière peut se manifester sans chaleur appréciable* (Daguin, *Physique*, IV, § 1867), — une fois ainsi dégagée par hypothèse de toute *intensité calorifique* et réduite au simple *transport de figures visuelles*, la

force physique en action est clairement, comme *figurée*, *lumineuse*, et, comme *voyageuse*, *électrique*.

Quels sont, maintenant, les modes de propagation essentiels à la lumière en ses trois états d'agent ou *virtuel* $= 1^s$, ou *formel* $= 1^2$, ou physique $= 1^1$? Ce sont ceux : 1° d'*instantanéité*, soit *absolue*, soit *relative*, dans les deux premiers cas; 2° de *non-instantanéité*, dans le troisième. D'abord, la propagation de la lumière *virtuelle* ou face à face ne peut être qu'instantanée, car l'Esprit ne va point pas à pas aux positions absolues; il les pose tout d'une pièce ou ne les pose point : une semblable position s'effectue donc toujours instantanément. Mais à quelle distance réelle? N'importe. Elle s'effectue de la même manière loin ou près : la distance est indifférente alors, et par suite l'instantanéité correspondante est *imaginaire* ou mieux *absolue*. Supposons, au contraire, la distance déterminée désormais par des carrés tels que 2^s, 3^s, etc. : la lumière mettra-t-elle pour cela, cette fois, plus d'un instant à toucher le but? Nous pourrions le penser si la nature procédait dans ses opérations avec l'imperfection d'un calculateur novice qui ne sait pas faire d'un bond le carré de ses nombres; mais elle est assurément plus habile, infaillible même en tout ce qu'elle fait : elle atteint donc encore instantanément ou d'un seul trait à son terme. Mais la lumière *physique* ou *calorifique* n'offre plus cette (au moins partielle ou relative) instantanéité de la *formelle*, car elle met toujours notoirement un certain temps à se propager : elle est donc respectivement *temporelle*.

Après cela, nous pouvons conclure. La lumière qui se propage du soleil dans tout le système solaire est évidemment de la lumière *physique* ou *calorifique* : elle n'est donc point instantanée. Mais la lumière qui nous arrive des étoiles en minces filets, originairement simples cette fois (puisque les étoiles n'offrent pas la moindre parallaxe appréciable), est de la lumière *électrique* ou *formelle* : elle est donc au moins relativement instantanée ; ce qu'il fallait établir. Pour démontrer maintenant les différents points contestables en cette thèse, nous étudierons la question dans toute son extension ou sa portée philosophique, et chercherons à nous bien fixer successivement et par ordre : 1° sur le nombre et le genre des diverses sortes de lumière; 2° sur leur espèce ou degré respectif de vitesse ; 3° enfin sur leur nom et fonctionnement propre dès la première mise en scène.

4. Le nombre des *genres* absolument absolus en tout ordre de choses nous est trop connu par tous nos travaux antérieurs pour que nous ne soyons pas en droit d'en inférer immédiatement ici le nombre même des genres lumineux ou des lumières. Les trois puissances suprêmes et générales étant incontestablement le *Sens*, l'*Intellect* et l'*Esprit*, il y a forcément aussi, par conséquent, trois sortes de lumières respectivement absolues, qui sont la *spirituelle*, l'*intellectuelle* et la *sensible*. On doit remarquer avec soin cet ordre dans lequel nous venons de les nommer, rapportant pour cela la *spirituelle* au *Sens*, et la *sensible* à l'*Esprit*, tout en continuant de rapporter la moyenne *intellectuelle* à l'*Intellect* ; et la raison en est pour les deux lumières extrêmes, interverties en apparence, que, effective-

ment, toute puissance qui veut s'exercer au dehors ne le peut faire qu'en renversant son exercice interne, et simulant par là même son contraire, l'autre extrême, en complète opposition avec elle-même. En conséquence, au Sens radical, premier principe ou principe absolu de tout le devenir objectif, il y a lieu d'attribuer la lumière la plus parfaite, ou la *spirituelle*, parce que, ayant toujours à sa disposition — au moment d'agir — toute la collection des puissances internes parfaitement développées, il les utilise naturellement en les entremêlant ou les faisant concourir à ses opérations ; mais ces mêmes opérations doivent ensuite baisser de un ou deux degrés pour les deux autres puissances, au fur et à mesure de leur intervention distincte ou singulière ; sinon, il n'y aurait pas moyen de les distinguer objectivement l'une de l'autre. Donc nous devons attribuer réellement la lumière *spirituelle* au Sens, l'*intellectuelle* à l'Intellect et la *sensible* à l'Esprit.

L'observation précédente nous ménage une heureuse occasion de distinguer, soit les trois puissances radicales, soit les trois lumières corrélatives, en deux ordres, comme tantôt verticillairement *coordonnables* entre elles, et tantôt hiérarchiquement *subordonnables*. Elles se coordonnent, comme absolument égales en principe, et elles se subordonnent, comme inégales de fait en exercice objectif. Nous en décrirons et définirons plus tard l'exercice inégal décroissant ; présentement, nous en considérerons plus à propos la période originaire de complète égalité, qui leur permet de se ranger côte à côte, de s'exercer sur le même type, et de ne différer par conséquent que très-secondairement entre elles, à l'instar, par exemple, des produits algébriques connus sous le nom de *permutations* ; et dont toute la différence se tire de l'ordre des facteurs, comme dans *abc*, *bca*, *cab*, chose évidemment négligeable dans une foule de cas. Par suite de cette entière égalité de constitution relative, bien que les trois puissances radicales ne puissent jamais se confondre entièrement en une seule d'entre elles, elles n'en ont pas moins un mode essentiel et commun d'exercice dont la connaissance ne peut être une fois acquise pour l'une d'elles sans être immédiatement applicable aux deux autres. Au lieu de les étudier toutes les trois, on peut donc se contenter d'en étudier, sous ce rapport, une seule. Celle à laquelle nous nous attacherons ici de préférence sera la première d'entre elles, le Sens.

5. Ne communiquant originairement entre elles que par leur face absolument absolue, les trois puissances radicales s'excluent absolument l'une l'autre dans leurs ressorts spéciaux, et n'ont ainsi d'abord de rapport entre elles que par l'Absolu. Le Sens, une fois ainsi cantonné dans sa propre sphère, qui renferme à ses yeux tout le réel, rejette naturellement les deux autres puissances dans l'imaginaire, ou les tient pour simple apparence ou pur outillage à son égard, et leurs ressorts distincts constituent, en théorie, sa *représentation*, en réalité, son *domaine*. Comme opposées entre elles, les deux puissances objectivées par lui ne peuvent se confondre en une seule ; il ne laisse point, malgré cela, de les unir ; mais, en même temps qu'il les conjoint, il les divise l'une par l'autre, en faisant servir la plus disparate à son égard de diviseur ; et c'est

ainsi que le Sens se pose alors comme le Rapport réel de l'Intellect à l'Esprit infinis, en la formule: $1 = \frac{\infty}{1} \times \frac{1}{\infty}$. Par là, l'on voit que le Sens tient à la fois compte, chez les deux autres puissances, de leur double aspect *général* et *particulier* (∞, 1), et, séparément envisagée, chacune d'elles n'est en effet que cela ; mais il réunit en lui-même les deux aspects ; et, parce que ces deux aspects s'équilibrent en lui, sa position réelle ou personnelle se réduit à l'*Unité* sans préjudice de la double infinité lui revenant au dehors, tant en extension sous la forme $\frac{\infty}{1}$, qu'en intensité sous la forme $\frac{1}{\infty}$.

Dans la formule précédente, le premier *membre* 1 représente l'*être* du Sens ; le second membre $\frac{\infty}{1} \times \frac{1}{\infty}$ en représente l'*avoir*. Il est évident, par la formule même, que ces deux choses *être* et *avoir* ne peuvent aucunement se confondre ; mais comment se distinguent-elles ? Nous les distinguerons comme on a coutume de distinguer entre l'*explicite* et l'*implicite*, et ceci demande d'être soigneusement remarqué.

1, allant seul, figure l'être absolument *explicite* du Sens ; $\frac{\infty}{1} \times \frac{1}{\infty}$ en figure l'avoir relatif *implicite*. Mais encore, comme cet avoir comprend deux facteurs, et que l'un d'eux ou le numérateur est plus en évidence que l'autre ou le dénominateur, il suit de là que le mode d'opposition entre les deux membres de l'équation se reproduit entre les deux facteurs du second membre, dont le plus apparent est un *avoir* retenant beaucoup de l'*être*, et le moins apparent tient plus du pur *avoir*. Nous donnerons à l'*avoir* retenant beaucoup de l'*être* le nom d'*extension* et au *pur avoir* le nom de *compréhension*. Le Sens radical et personnel, simultanément doué d'*extension* et d'*intensité*, réunit donc en lui-même un *avoir* explicite très-apparent avec un autre *avoir* implicite bien moins apparent, qui cependant n'est pas moins sa propriété que l'autre, ainsi que nous allons le montrer par un exemple. L'extension apparente, au moins formelle, est l'*espace*, et l'espace a trois dimensions évidentes : le Sens *extensif* a donc radicalement trois dimensions *explicites*. Mais, si le sens extensif a *trois* dimensions explicites à la fois ou bien s'étale tout d'un coup dans les trois dimensions de l'espace, ne doit-il point en outre pouvoir en accuser à part, soit *deux*, soit *une seule*, suivant son bon plaisir ou les occasions qu'il en rencontrera? Attribuer à l'être déjà doué par hypothèse d'une puissance plénière la faculté de s'exercer encore par parties, ce n'est point certainement s'écarter tant soit peu des deux ordres rationnel et naturel ; cependant ce nouveau mode d'exercice n'est bien alors qu'*implicitement* compris dans l'*explicite* précédent. Il y a donc deux sortes d'avoir, l'explicite et l'implicite, dont aucun ne fait originairement défaut au Sens radical.

Ce que nous venons de dire des trois dimensions attribuables *ensemble* ou *séparément* au Sens radical, doit s'appliquer à tout. Car la formule admise à le représenter nous le montre susceptible de tous les degrés d'exercice *extensif* ou *intensif* simultanément compris entre ∞ et 1, ou 1 et ∞. Mais, d'après ce que nous disions tout à l'heure, s'il peut joindre d'une seule enjambée ces deux limites en tout sens, il peut aussi vouloir aller de l'une à l'autre pas à pas, en articulant les valeurs intermédiaires et posant, par exemple, en acte d'intensité progressive : 1, 2, 3,.... ∞, ou bien, en acte d'intensité régressive: ∞, ∞ — 1, ∞ — 2... Donc le Sens radical contient réellement en lui-même, sous forme *explicite* ou *implicite*, tout ce qui est ou peut être ; mais tout ce contenu n'en étant que l'*avoir*, non l'*être* absolu, nous l'appelons l'imaginaire (objectif ou subjectif).

6. Constitués en séries, tous les termes négatifs ou positifs impliqués par les rapports infinitésimaux $\frac{\infty}{1}$ et $\frac{1}{\infty}$ forment nécessairement un Tout aussi continu, d'une part, que discret, de l'autre; car, en même temps qu'un ensemble infini ne comporte point (à proprement parler) d'interruption, on ne saurait nier que la possibilité d'appropriation du pouvoir infini central à chacun des termes consécutifs des séries ne leur assure, à tour de rôle, le bénéfice d'une *absolue position* particulière et distincte. Il existe donc ici simultanément deux points de vue et concou-

rants et contraires, qui sont ceux d'expansion
infinie toute formelle et d'intensité pareillement infinie, mais physique ou réelle ; et la difficulté de les concilier se résout en les concevant
opposés comme relatifs et *uns* comme absolus.
La même Activité ramassée comme *absolue* peut
bien, en effet, aller et venir à la fois par divers
chemins comme relative. L'envisageons-nous
alors sous ce dernier aspect: infinie par hypothèse, elle offre réunis dans son sein les extrêmes en tout genre, avec tous les intermédiaires
imaginables; elle contient donc sans exception
tous les systèmes possibles de position et de né-
gation, de grandeur et de petitesse, de mouvement et de repos, d'éclairement et d'obscurcisse-
ment, et — chose particulièrement remarquable —
de *vieillesse* et de *jeunesse*, ou d'*ancienneté* et
de *nouveauté*. Dans l'imaginaire infini, le passé
ne cède point en longueur à l'avenir, et l'on n'y
saurait voir par conséquent en *germe* tous les
futurs possibles sans l'accompagnement obligé
des *restes* ou monuments des âges les plus re-
culés. L'éternité future n'est point séparable de
l'éternité passée, ces deux éternités s'impliquent

essentiellement ; et l'infinité présente, qui s'intercale alors entre les deux sans paraître plus allongée d'un côté que de l'autre, consiste en quelque sorte dans un roulement perpétuel d'imaginaires dont l'effet compensateur est de ne laisser l'avenir, vieillissant en chaque instant par son bout le plus prochain, empiéter sur le passé, qu'autant que le passé, perpétuellement rajeuni par le bout contigu, se transforme incessamment en avenir[1].

Sans doute, rien n'est mieux déterminé *mathématiquement* que la notion de l'infini réel, escorté de l'innombrable multitude et variété d'imaginaires inclus dans son sein ; car, comme nul ne fait difficulté de l'admettre, on a tout aussi bien $\infty + a + b + \ldots = \infty$, que $\infty - a - b = \infty$. Mais, *philosophiquement* ou rationnellement, on ne semble pas le comprendre aussi bien. L'annulation des termes finis $a, b, \ldots$ n'est là qu'une

---

[1] Dans l'acte *représentatif* toujours précédé du *sensible*, ce dernier fait office de miroir, et le Représentant qui se trouve, de fait, placé devant lui, s'y voit derrière au *virtuel* aussi bien qu'au *physique*. Seulement, au *physique*, il lui est possible de se détromper ou raviser immédiatement en portant la main derrière le miroir, quand, au virtuel, il ne saurait se renseigner avec la même aisance.

annulation d'*absolue position*, non de représentation objective *virtuelle*, *formelle* ou *physique*. S'agit-il donc de position *propre* ou d'action *spontanée* : rien de tout cela ne lui convient assurément, de prime abord dans l'infini. Mais s'agit-il seulement de rôle postiche, d'apparence objective ou d'emploi figuratif externe: ils en sont éminemment capables, et par conséquent il ne faut point se représenter tous les imaginaires assimilables à ceux d'entre eux qu'on ne saurait jamais *poser*, tels que ceux du *cercle = carré*, de 4 = 5, etc.; mais il en est qui, pour n'avoir jamais été *vus*, n'en sont pas moins *visibles*, et qui, malgré même l'absence de toute réalité propre, n'en sont pas moins réellement apparents. En exemple de ceux-là, nous citerons une *montagne d'or*, et en exemple de ceux-ci, l'*ombre* des corps. Cette ombre des corps, qui les représente plus ou moins fidèlement, en est bien certainement une pure reproduction imaginaire, et cependant elle tombe sous le sens, elle offre une forme précise, elle peut même devenir une base de calculs très-justes et très-féconds. Mais il n'y a pas seulement des ombres physiques, il y a des ombres intelligibles, comme les lignes trigonométriques extra-circulaires, et l'on sait quel puissant parti les géomètres savent tirer de ces données abstraites. Les imaginaires n'existent donc pas toujours seulement comme hors de la raison, mais ils prennent pied parfois dans la raison même et jusque dans le sens.

L'être infini présentant *circulairement* réunis tous les caractères tant hétérogènes qu'homogènes de *force*, d'*âge*, de *grandeur*,... ressemble aux végétaux chez lesquels on rencontrerait, à côté des plus jeunes pousses, des branches sèches, ou bien à côté des fleurs naissantes, des fruits mûrs ; le spectacle *originaire* du monde ne diffère en rien de celui que nous offre le monde *présent*, et l'Ecclésiaste a pu dire en toute vérité (I, 9) que *rien n'est nouveau sous le soleil*. Objectivement du moins, un seul et même jour permet de voir réalisées dans l'espace toutes les différences de contraste qui peuvent survenir les unes après les autres en un seul et même lieu dans le temps. Nommons sens *réel* le sens saisi d'un noble et vif élan vers l'avenir, et sens *formel* le sens conservant la mémoire ou retenant les traces du passé : ce même sens, *relatif* dans ces deux premiers cas, mais *absolu* dans un troisième où (par réciproque incompatibilité) ces deux précédentes manières d'être s'annuleraient d'elles-mêmes, méritera d'être cette fois qualifié de sens *spirituel*. Le règne du Sens ainsi transformé sera donc aussi le règne de l'Esprit, comme offrant réalisé le plus haut degré de la *Puissance subjective*, devant laquelle tout est comme n'étant pas. *Objectivement* appliquée, la même *Puissance* ne laissera point d'apparaître suivre les lois dites *naturelles*, d'une part, et *rationnelles*, de l'autre ; mais sera-ce une raison de la réputer pour cela *subjectivement* moins libre ou spontanée ? C'est *imaginairement* que, en elle, la nature se déroule et la raison s'étale ; abordant la sphère subjective de l'Esprit, ces deux premiers points de vue se transforment aussitôt en images mobiles ou partielles de ses propres déterminations éminemment indépendantes du dehors, et par suite, sans harmonie *préétablie* (comme le voulait Leibnitz), mais plutôt en manière de simple harmonie *préexistante* (chose bien différente), l'absolue liberté *subjective* se règle conformément à l'*objective* nécessité, dont les lois, ainsi pratiquées (en quelque sorte) avant d'être connues, se rattachent aux opérations spontanées du Réel absolu, plutôt comme dérivées que comme causes ou précédents.

Évidemment, un être actif et libre ou spirituel peut vouloir par lui-même ou *subjectivement* ce que lui dictent d'ailleurs *objectivement* de concert la raison spéculative et le Sens physique, ce qui ne fait que porter de deux à trois le nombre des puissances à l'unisson. Mais continuons-nous à prendre objectivement, en guise d'abstractions, la raison spéculative et le Sens physique : il est certain que ces deux conditions d'activité ne peuvent aboutir par elles-mêmes à rien. D'abord, la *raison spéculative*, seule, n'aide en aucune façon à bien raisonner, car, en l'absence de toutes bonnes et sûres données (sensibles ou virtuelles) préalables, mieux on raisonne, plus on s'égare ou doit s'égarer. Puis, le *Sens physique* à son tour ne peut être seul un principe d'action, car sans une direction quelconque adjointe au Sens présupposé de l'être actif, un être manquant de toute orientation préfère s'abstenir d'agir, qu'agir au hasard dans les ténèbres, et reste par conséquent en repos. En admettant, au contraire, que l'Être spirituel possède le concours au moins indirect de la Raison spéculative et du Sens physique, il est inévitable qu'il agisse, et même, quoique libre, qu'il agisse bien. Car, libre et déjà doué de volonté par hypothèse, il a, conjointe à l'acte de vouloir, toute la latitude désirable d'appliquer objectivement ce même acte (encore indéterminé sous ce rapport) comme il l'entendra. Or, son entendement d'alors est, moyennant le concours indirect de la Raison spéculative et du Sens physique, prédisposé de fait comme il peut et doit le vouloir, la Raison spéculative lui traçant d'avance la *direction* à suivre, et le Sens physique l'inclinant dans le *sens* de la nature primitive essentiellement exempte de tous abus ou vices pouvant en altérer l'innocence originelle. Comme indirectement consultés dans cette circonstance, ni la Raison spéculative ni le Sens physique n'ont intérêt à falsifier leur témoignage;

il est et reste donc sincère, et par là même général. De là, l'universalité de la Raison spéculative et l'universalité du sens physique. Tout Esprit consultant à la fois ces deux oracles en hérite du même coup ces deux attributs respectifs, et devient ainsi subitement universel et perpétuel à leur exemple ; mais il ne se dépouille point pour cela de sa liberté naturelle, alors aussi persistante que la Raison et la Nature même.

8. D'après ce qui précède, l'Être absolu radical est ainsi constitué que nulle de ses trois puissances relatives internes n'existe sans être constamment assistée des deux autres ; elles se pénètrent donc. Mais la même chose doit pouvoir se dire de ses deux faces *extensive* et *intensive* ; et, si l'on remarque à cette occasion la possibilité de qualifier d'*objective-externe* la face *extensive* toujours explicite par hypothèse (§ 5), ainsi que de *subjective-interne* la face intensive toujours implicite en principe (*Ibid.*), on doit voir que, comme ces deux faces ne cessent jamais (malgré leur distinction) de s'impliquer étroitement, de même l'extension et l'intensité se retranchent en

quelque sorte incessamment l'une dans l'autre comme *relatives*, pour constituer par leur réunion, en perdant par ce seul fait le caractère d'imaginaires, l'Absolu réel. Mais, alors, voici ce qui résulte de là. Puisque le Sens absolu radical habite incessamment sous ses deux faces *objective* et *subjective*, et n'est ainsi pas moins présent en toute la *grandeur* de l'une qu'en toute la *profondeur* de l'autre, il profite évidemment de la préalable imaginarité de ces diverses régions pour *pouvoir les parcourir instantanément avec une infinie vitesse, comme s'il ne se mouvait aucunement* ; et, de plus, partout et toujours présent sans la moindre altération ni division, partout et toujours il vit, voit, goûte, entend, parle et opère, ou bien en tous temps et lieux il trouve également la même occasion de se concentrer et de se répandre, de circuler et d'osciller ; c'est pourquoi, si *lumière* il produit et perçoit, sa lumière d'alors fait partie de ses propres actes internes et s'en approprie l'infinité.

Cette dernière observation nous permet ici de faire une distinction capable de montrer sous son véritable jour la nature des imaginaires dans le monde divin primitif. Nous commencerons par l'appliquer au monde moral. On conçoit que, s'envisageant moralement, l'Être radical se représente tantôt *bon*, tantôt *juste*. Où il est alors par hypothèse bon, il *est*; où il est de même juste, il *est* encore : ces deux attributs, quoique très-différents, se concilient donc dans son *être*, dont ils aident à comprendre la nature, et, par cet *être* commun, il devient ainsi capable de passer de l'un d'eux à l'autre, comme par un détour ramenant à l'origine ; mais il ne suit aucunement de là qu'on puisse aller directement, de bonté, par exemple, à justice, ou *vice versâ*. Car, en raison de la différence spécifique régnant entre ces deux attributs malgré l'identité de genre ou d'être, et abstraction faite de cette identité, la transition *directe* de l'un à l'autre n'est pas seulement aussi longue que le comporte le nombre incalculable de degrés ou termes intermédiaires possibles ; elle est encore, de cette manière, irréalisable. Autant le chaud est inconciliable avec le froid, autant la bonté en *acte* est inconciliable avec la justice en *acte* encore ; et, comme il y a néanmoins toujours moyen de concilier entre eux les contraires par l'être ou le genre commun, ces deux attributs offrent un cas dans lequel il n'est plus vrai de dire que la ligne droite est plus courte que la courbe. Appliquons maintenant les mêmes considérations, dans l'ordre physique, à la lumière. La lumière en *acte* est aussi contraire aux ténèbres que la bonté l'est à la justice. Et sans doute, où la lumière est, Dieu *est*; mais, où les ténèbres sont, Dieu *est* aussi. Puisque, rapportées à leur origine, elles se raccordent *longitudinalement* en l'Être divin, elles en partagent sans contredit (après identification) les propriétés, ou bien subsistent en lui comme éternelles, universelles et absolues; mais, *transversalement* envisagées, elles ne s'en repoussent pas moins et sont vraiment inalliables; c'est pourquoi le passage *direct* de la lumière aux ténèbres apparaît finalement aussi difficile qu'il paraissait naguère aisé par recours *indirect* à l'origine. Donc, *imaginairement*, entre la lumière et les ténèbres, écart immense; *réellement*, entre les mêmes, écart insignifiant; et pour lors l'écart immense est l'*imaginaire*, l'insignifiant est le *réel*.

Maintenant, ce que nous venons de dire, *au moral*, de la bonté et de la justice, et, *au physique*, de la lumière et des ténèbres, peut se dire plus généralement encore, *au formel*, du Moral et du Physique eux-mêmes. Aller *directement* du Moral au Physique, c'est une impossibilité manifeste ; mais aller du Moral au Physique en passant par leur commune origine ou le Sens radical, c'est au contraire une opération toute naturelle, dont la réalisation ne demande aucun effort et peut ou doit même se faire en un instant. Généralisant alors cette pensée, nous sommes par là même en état de comprendre déjà parfaitement que, plus les divisions actuelles du Sens radical se rapprochent de leur origine, et, par suite, moins nombreuses elles sont, plus l'espace ou le vide intermédiaire entre elles s'agrandit. Ainsi, chez le Sens radical, nous trouvons presque condensés auprès de l'origine (malgré leur extrême disparité spécifique, qui ne saurait être plus grande) les trois modes irréductibles d'activité *morale*, *intellectuelle* et *physique*. Il y a donc, d'une part, identification par l'origine entre ces trois choses, mais aussi, d'autre part, absolue distinction, en direction transversale, de chacune de ces trois choses à l'autre. Sous-divisons après cela le Moral en *bonté, droiture, justice*, et le Physique en *électricité, lumière* et *calorique* : nous devrons remonter, pour leur identification, des sous-divisions aux divisions par retour vers l'origine, ce qui fait une première longueur. Mais nous ne pourrons en même temps ne pas tenir compte de l'imaginaire intervalle séparant chacune des sous-divisions d'une division de la sous-division correspondante d'une autre division, ce qui fait une seconde longueur, mieux dite largeur cette fois. Tout s'aligne donc, à savoir : *longitudinalement*, de chaque sous-division au centre sensible ; *transversalement*, de sous-division à sous-division. Et de cette manière, dans le domaine du même Sens radical, nous trouvons deux ressorts bien distincts et rectangulaires entre eux, dont l'un est celui du réel, et l'autre celui de l'imaginaire, le réel se prenant dans le sens longitudinal, et l'imaginaire se prenant dans le sens transversal. Le Sens radical réunit impunément en lui-même ces deux ressorts, moins incompatibles en principe que de fait; mais cela nous prouve (puisque là la compatibilité précède évidemment l'incompatibilité, comme la longueur précède la largeur) que le Sens radical, organe d'identification, l'emporte au moins — en qualité de principe — d'un degré sur l'Intellect, organe de simples distinctions relatives actuelles, et qu'en outre, une fois placés sur le nouveau terrain de l'Intellect, nous pouvons nous attendre à voir désormais l'Activité virer pour ainsi dire de bord ou contracter de nouvelles allures contraires aux précédentes. Pour résumer en quelques mots ici tout ce que nous avons déjà dit au sujet du Sens radical, nous dirons que le ressort en est le théâtre d'une lumière spéciale, nommément *spirituelle* et la plus parfaite de toutes, comme étant *celle qui joint, à l'explicite démonstration des choses de l'ordre moral, l'aussi certaine et naturelle mais implicite reconnaissance de toutes les choses des deux ordres inférieurs intellectuel et physique.*

9. Au moment où l'Intellect, s'installant à côté du Sens radical, s'approprie (quoique dans un ordre inférieur de relations par rapport à l'o-

rigine) sur l'*imaginaire* le même empire *actuel* que nous avons dû naguère attribuer au Sens sur le *réel*, il constitue par le fait un système de vitesses entre-croisées pleinement conforme à celui de son précurseur, le Sens; c'est-à-dire que, comme nous concevions naguère le passage de réel à réel plus long en ligne *directe* transversale qu'en ligne *brisée* longitudinale, nous serions en droit de concevoir de nouveau, sous le régime de l'Intellect poseur de tous les imaginaires, le passage d'imaginaire à imaginaire réglé sur les mêmes conditions; mais, cette observation une fois faite, nous n'avons nul besoin d'insister aujourd'hui sur ce sujet, et nous continuerons à nous occuper de préférence des suites à donner aux rapports déjà connus de l'Intellect au Sens. Il est manifeste que, l'Intellect présidant à l'imaginaire comme le Sens au réel, les exercices de ces deux puissances doivent échanger entre eux de dénominations, et qu'ainsi, ce que nous nommions naguère *longitudinal* et *transversal*, au point de vue du Sens, devient respectivement *transversal* et *longitudinal*, au point de vue de l'Intellect; mais il ne faudrait point pour cela s'imaginer que les deux systèmes d'exercices *sensible* et *intellectuel* superposés doivent s'annuler réciproquement, car, à la différence des contradictoires, les contraires simultanés ne s'annulent point; ils se superposent donc seulement à angle droit et forment ainsi des couples réunis de longitudinal et de transversal d'un côté, de transversal et de longitudinal de l'autre. Il ne faudrait point en outre oublier de considérer, au milieu de tout cela, que les épithètes de réel et d'imaginaire doivent encore s'échanger entre elles au même titre que celles de longitudinal et de transversal, car le réel du Sens apparaît de l'imaginaire à l'Intellect, et réciproquement; mais on a bientôt fixé ses idées à cet égard, en regardant les deux directions normales de ces deux puissances comme rectangulaires entre elles. Une question moins promptement résoluble que celle de l'interversion des noms ou des directions est celle de l'abaissement *objectif* des degrés de la puissance.

Tant que, en premier lieu, le Sens a dû s'exercer seul dans son ressort, cette puissance a toujours fonctionné naturellement au troisième degré, d'où s'en est suivie la constante rencontre sous sa main des trois ressorts *spirituel*, *intellectuel* et *sensible*. Maintenant, au moment où l'Intellect survient, il trouve devant lui le Sens en fonction illimitée. Comme son égal de fait (sinon alors en principe), l'Intellect veut naturellement entrer en part de l'empire objectif, exclusivement occupé jusqu'à cette heure par le Sens, et par suite il y a partage immédiat de puissance réelle. Ce partage ne saurait toutefois atteindre l'exercice de l'empire moral infini par essence, ou bien éternel, universel, immense, et par conséquent indivisible, car l'infini n'est pas scindable : donc il y a seulement lieu de mettre, cette fois, de côté le seul ordre moral ou le degré correspondant à cet ordre, ce qui laisse désormais subsister deux seuls degrés à partager aussi bien qu'à gérer en commun entre les deux puissances intellectuelle et sensible réunies. En faisant, du reste, ainsi disparaître d'un seul coup l'ordre moral, nous n'entendons aucunement donner à penser qu'il cesse d'exister pour les deux puissances en relation actuelle ; nous entendons seulement les en décharger ou, si l'on vent, le leur soustraire. Car, une fois retranché du partage, l'ordre *moral*, au moins moralement indestructible, reste le supérieur obligé des deux ordres *intellectuel* et *sensible* réunis. Donc, au moment où l'Intellect vient surprendre le Sens radical en fonction, ces deux puissances s'établissent, l'une en face de l'autre, au second degré d'exercice chacune; mais, pour l'accord, elles conviennent d'en user seulement tour à tour, en descendant chacune au premier degré, quand sa corrélative occupe le second. En somme, elles sont donc entre elles comme $\left\{ \begin{matrix} I^2 \\ I^1 \end{matrix} \right.$ et $\left\{ \begin{matrix} I^1 \\ I^2 \end{matrix} \right.$. Que faut-il, maintenant, entendre par ces deux expressions inverses ?

10. Avant de répondre à cette demande, nous reviendrons un moment sur le § 4, où, des trois dénominations des lumières dites *spirituelle*, *intellectuelle* et *sensible*, nous avons — par rapport à leurs puissances respectives — renversé les deux extrêmes sans toucher à la moyenne, retenant alors pour nous le même nom. Est-ce que, par hasard, la dénomination de la moyenne n'aurait point dû se renverser également ? Elle

l'eût dû certainement aussi, mais c'eût été pour se rétablir de suite : le mieux était alors de ne pas même le tenter. La raison pour laquelle la lumière revenant à chacune des puissances extrêmes devait sans retour changer de nom, était leur rôle actuel *objectif*, contraire (dans la lumière) au *subjectif* originaire pris à rebours pour cette opération. Dans le cas de la puissance moyenne ou de l'Intellect, le rôle actuel *objectif* de cette puissance n'est plus de même son rôle naturel ou primitif ; mais, comme elle doit toujours intervenir en médiatrice entre les deux extrêmes, elle n'a pas de raison d'emprunter plus à l'une qu'à l'autre ; elle emprunte donc également des deux côtés, non la somme entière dont elle a besoin, mais (ce qui lui suffit par redoublement) la moitié de cette somme. Elle emprunte donc un élément au Sens, un autre élément à l'Esprit, et, profitant de la rencontre ou réunion de ces deux éléments connus sous le nom de *composantes*, elle se glisse elle-même passivement entre les deux sous le nom de *résultante* intelligente ou intellectuelle. La dénomination en est donc la même à la fin qu'à l'origine.

Maintenant, quand on emprunte, il faut rendre, plus tôt ou plus tard, peu importe. L'Intellect empruntant des deux côtés doit donc rendre aussi la pareille des deux côtés ; mais comment le peut-il faire, puisqu'il ne peut se partager ? Il le fait en rendant autant de chaque côté qu'il vient de recevoir de l'autre. Comparons ici, pour mieux fixer les idées sans pour cela sortir de notre cas, les deux *composantes* sensible et spirituelle au cosinus et au sinus, et la *résultante* intellectuelle au rayon. Se combinant d'abord comme rayon avec le cosinus, la puissance intellectuelle élève immédiatement au second degré cette composante intra-circulaire active, tandis que le sinus restant passif n'existe qu'au premier degré, mais bientôt après, le sinus, prenant le dessus par une semblable faveur qu'elle lui fait, revêt le second degré en échange du premier, qu'il délaisse au cosinus. Par alternante combinaison de la puissance intellectuelle jouant cette fois un rôle souverain dans le ressort moyen, les deux forces composantes qui l'encadrent comme résultante, et qui sont d'ailleurs, d'après ce qui précède, comme unisexuées, se posent donc alternativement, l'une ou la masculine par exemple, comme $\begin{Bmatrix} 1^2 \\ 1^1 \end{Bmatrix}$, et l'autre ou la féminine, comme $\begin{Bmatrix} 1^1 \\ 1^2 \end{Bmatrix}$, et, dans ce cas particulier, il est bon de remarquer que, si la masculine a l'avantage de la priorité, l'avantage de la postériorité reste à la féminine ; c'est pourquoi, si l'essai ne devait point se répéter, le temps appartiendrait à cette dernière. L'avantage de l'*espace* ou de la grandeur, de la force, peut être tentant pour beaucoup de gens plus jaloux des biens présents que des futurs, ou de l'éclat que de la solidité ; mais nous ne saurions douter qu'il ne s'en trouve aussi beaucoup d'autres d'un avis contraire et ne balançant pas un seul instant à faire à la solidité le sacrifice de l'éclat. Heureusement, on est rarement dans le cas d'avoir à choisir entre une pareille alternative ; les forces concourantes du second degré sont généralement révolutives et peuvent en conséquence alterner indéfiniment. Supposons qu'il en soit ainsi : le changement incessant de condition suivi d'un renouvellement aussi régulier, au lieu d'affaiblir l'agrément ressenti des deux côtés, aura pour effet infaillible et persévérant d'en raviver le goût et redoubler la jouissance.

On appelle *forces vives* les forces contenant de cette manière en elles-mêmes le principe d'un indéfini renouvellement, et, par opposition aux forces incapables de rénovation perpétuelle, on les dit encore *constantes*. Les forces susceptibles de durée, même indéfinie, qui manquent de cette remarquable propriété de rajeunissement illimité, sont dites au contraire *défaillantes*, et, pour les mieux caractériser, nous les nommerons *forces-outils*. En général, ou du moins en *principe*, toutes les forces du second degré sont des forces vives, et toutes les forces du premier degré seraient des forces-outils; mais celles de ces dernières qui fonctionnent alternativement de concert avec les forces vives précédentes, échappent à leur première condition et trouvent entrée dans les états supérieurs. Par la même raison, il n'est point interdit, il est au contraire naturel aux forces vives du second degré vivant en constante relation avec celles du premier, d'en connaître, apprécier et partager tous les goûts ou sentiments particuliers; mais cela ne leur est pas une raison d'oublier les leurs propres : elles ont donc habituellement conscience de tout ce qui peut se passer dans leur propre ressort et en dessous, ou bien elles sont en possession d'une lumière *intellectuelle* correspondant à leur état moyen ou rationnel, et cette lumière du second degré peut être définie : *celle qui joint, à l'explicite démonstration des choses de l'ordre intellectuel, l'implicite reconnaissance des choses de l'ordre sensible.*

11. La lumière est, de trois choses l'une : *parole ovïe, symbole objectif,* ou *sensation subjective.*

Nous avons déjà dit que les êtres constitués sur le type du Sens radical connaissent explicitement ou implicitement toutes choses au moral, au formel et au physique. Toutes les choses de l'ordre moral leur sont d'abord immédiatement révélées en tout temps par la conscience interne ; mais comme la même conscience, actuelle par hypothèse, implique (imaginairement au moins) avant elle toutes les situations ou relations possibles des deux ordres formel et physique, le même coup d'œil qui leur révèle instinctivement les morales, leur révèle immédiatement aussi, dans toute leur plénitude quoique sommairement, toutes les autres ; et de cette manière, pour eux, l'ignorance n'est pas moins instructive que la science, et les ténèbres leur disent autant que la lumière du jour. Tout leur parle donc à la fois : l'erreur et la vérité, le jour et la nuit, et la parole est leur lumière. *In principio, verbum*.

Nous avons également dit : Tous les êtres n'existent point au troisième degré de la puissance, mais on en conçoit d'autres ainsi constitués que, arrêtant leurs regards à la surface des choses apparentes et n'arrivant par là-même jamais (au moins dans leur état naturel) jusqu'au discernement des premiers principes, ils se contentent d'en apercevoir, à la faveur des deux degrés de la puissance dont ils ne seraient point encore par hypothèse dépouillés, les situations et relations communes, et, soit habituelles, soit actuelles, dont se compose l'ensemble des deux mondes intellectuel et sensible. Pour eux, l'intellectuel dominant toujours le sensible comme 1^2 domine 1^1, l'intelligence des choses d'ordre formel est l'aménagement infaillible de celle des choses de l'ordre physique s'y rattachant comme simple conséquence. Par ou dans un même acte trés-diversifié de connaissance, ils voient donc explicitement ou implicitement, à ses causes ou principes près, le monde objectif tout entier, et la nuit leur donne autant à penser que le jour ; seulement, leur lumière ne dépasse point cette fois le cadre de leur activité subjective, ou vitalité propre et secondaire. *Verbum, vita.*

Maintenant, on conçoit encore des êtres plus bas placés, dont ni le cœur ne parle ni l'Intellect n'imagine, et dont le Sens interne, réduit à son *minimum* de puissance, retient seulement assez d'activité pour saisir, penser et vouloir ce qui tombe sous le Sens externe, comme, par exemple, la lumière *physique*. Ces nouveaux êtres, pour lesquels le cœur est muet et l'intelligence aveugle, ne cherchent pas plus d'eux-mêmes à comprendre alors le symbolisme de la nature extérieure qu'à remonter à ses premières ou dernières raisons; pour eux, par conséquent, point de causalité ni même de finalité ; les faits seuls sont acceptés à titre de faits, et leur lumière respective, exclusivement sensible en principe et de fait, peut être définie : *celle qui, jaillissant de la rencontre ou du choc des corps matériels étendus et figurés, les met ou maintient temporellement en rapport passif avec les forces vitales objectives ou physiques, désormais assujéties pour eux aux seuls calculs de la statistique ou des probabilités.*

C'est, en terre, chez les hommes, que peuvent exister des êtres conformés sur ce dernier type, dont le positivisme matérialiste nous semble offrir la réalisation la plus complète ; mais tous les hommes ne descendent pas aussi bas, et ce qui les en préserve alors, c'est, au défaut de la nature, impuissante chez eux à cet égard, la *foi*. On peut se rappeler que, dès le § 4, nous avons cru devoir soumettre au régime souverain de l'*Esprit* le seul monde *physique* extérieur ; nous ne pouvions en assigner d'autre, au moment où nous appropriions au *Sens* radical et à l'*Intellect* les deux autres mondes *moral* et *formel*. Mais si, par là, l'Esprit se trouve être la moins favorisée des trois puissances radicales, il se relève d'un autre côté comme y trouvant l'occasion de tenir de moins près que les deux autres puissances au dehors, et de pouvoir ainsi, par sa plus libre manipulation, les constituer à son tour en échec ou même en renverser à son gré l'exercice objectif. Admettons, en effet, que, au point de vue *physique*, l'Esprit se trouve en premier lieu fatalement réduit à l'inévitable emploi de forces ou de formes d'origine intellectuelle ou sensible, sur lesquelles il n'a point de prise en principe : il a d'abord au moins la faculté manifeste d'en accroître ou diminuer maintes fois à son gré la tension ; puis, il peut encore, ne tenant en quelque sorte que par un fil à ses outils, s'en défaire avec la même indifférence qu'il les a reçus ; et de cette manière, soit en suspendant (par défaut de concours) la marche des choses qui ne serait pas supportable, soit en variant (par excédant de tension) le sens des mouvements, faire sortir comme de dessous terre et par réaction une création toute nouvelle. Ce n'est qu'*objectivement*, avons-nous dit, que l'Esprit est inférieur à l'Intellect et au Sens radical ; *subjectivement*, il ne leur cède en rien : subjectivement, il peut donc émettre des actes d'énergie, de force ou de sagesse capables d'égaler et même (comme venant après) de surpasser les intellectuels ou sensibles précédents, notoirement toujours finis en exercice accidentel. Donc, quoique réduit à fonctionner toujours *objectivement* à titre de simple force-outil, l'Esprit, *subjectivement* aussi capable des rôles 1^3 et 1^2 que du rôle 1^1, peut occasionnellement révéler, quand il lui plaît, sa valeur réelle et porter au grand jour sa vitalité latente. *Vita, lux*.

12. Notre premier objet était, si l'on veut bien s'en souvenir (§ 5), de rechercher et de déterminer le *nombre* et le *genre* des lumières; ce point nous paraît être actuellement acquis, et nous ne pouvons plus douter qu'il existe trois lumières essentiellement distinctes et même irréductibles, comme les trois expressions 1^3, 1^2 et 1^1, qui leur servent de type. Aux trois lumières ainsi rangées par degrés descendants, nous avons assigné les trois dénominations respectives de *spirituelle*, d'*intellectuelle* et de *sensible*. En connaissant bien ainsi les genres et le nombre, nous pouvons donc entreprendre d'en découvrir et d'en déterminer aussi rigoureusement l'*espèce* et le *degré* de vitesse.

Il est inévitable qu'une certaine corrélation essentielle existe entre les divers genres de lumières et leurs vitesses respectives. En rechercher les vitesses, c'est alors arrêter son attention sur les genres eux-mêmes, jusqu'à ce que, à force d'en scruter ou sonder la nature, on en puisse déduire presque intuitivement les caractères spéciaux non encore apparents. Continuons donc de nous occuper des genres admis. Nous l'avons dit : la lumière *spirituelle* est toute du ressort exclusif du Sens radical procédant dans ses opérations avec la plénitude de puissance indivise, et par conséquent bien entière, infinie même, de l'être absolu divin. Le Sens radical jouit ou brille donc d'une lumière propre et pour ainsi dire vierge, dont, par suite de la constante et réciproque inhabitation en elle du principe et de la fin, la *perfection* et l'*instantanéité* ne sauraient être l'objet du moindre doute. Il est vrai que, en elle, on peut et doit même distinguer *imaginairement* entre principe et fin ; mais l'intrinsèque identité *réelle* de ces deux aspects ne manque point de corriger immédiatement les conséquences possibles d'un pareil écart originaire, en excluant toute possibilité de temps ou d'espace apparents. La lumière spirituelle se distingue donc par deux caractères saillants incomparables, la *simplicité* et l'*instantanéité* ; la vitesse propre en est rigoureusement infinie, et l'exercice s'en effectue toujours au troisième degré de la puissance.

La lumière *intellectuelle*, qui vient immédiatement après la *spirituelle*, contraste singulièrement avec elle par ses ressemblances et différences, dont la réunion fait que, sans pouvoir l'égaler ni rivaliser avec elle, elle l'imite pourtant au point d'en reproduire une image fidèle. Nous le disions tout à l'heure : le Sens radical, émettant la lumière *spirituelle*, l'émet virginalement; il est seul à la produire. Quand, au contraire, l'Intellect émet la lumière intellectuelle, il n'agit jamais seul, mais s'aide du concours d'autrui; bien plus, il admet un double concours, celui du Sens et celui de l'Esprit (§ 10). Et, dans cette double occurrence, admettons-nous qu'il ne joue point le même rôle envers ces deux puissances, et que, s'il est par exemple actif avec l'une, il est passif avec l'autre : en somme, il n'en sera pas moins vrai de dire qu'il est toujours, sinon à la fois, au moins en deux instants consécutifs, *inséparables d'ailleurs*, actif et passif tout ensemble. En supposant qu'il émette alors une certaine lumière, sa lumière ne peut plus être rigoureusement instantanée ni simple, comme l'est la lumière spirituelle. Néanmoins, comme il est bien, d'une part, seul *sujet* actif l'émettant, et que, d'autre part, sa relation avec les deux autres puissances s'effectue simultanément à ses yeux avec la seule différence *objective* qu'y peut apporter son acte (constamment émis d'un seul jet) de transition de l'une à l'autre comme de principe à fin, autant il paraît perdre *objectivement* de sa simplicité pour le dehors, autant il évite de s'en dépouiller *subjectivement* en dedans, par l'indivisible centralité de son application persévérante, comparable à celle des deux branches d'un compas concourantes en un même point. Si, donc, l'*absolue* simplicité lui fait défaut, il se conserve au moins *relativement* simple, et, s'il n'atteint point pour le *fond* à la perfection de l'exercice du Sens radical, il lui ressemble très-bien au contraire pour la *forme*.

15. Un être constitué sur le type tout à l'heure décrit de l'Intellect est un foyer d'ellipse, sinon de cercle, ou de parabole, ou d'hyperbole; et nous connaissons déjà (§ 11) les deux composantes qui, sous forme de cosinus et de sinus, viennent concourir à son centre. Présupposées séparément absolues, ces deux forces n'ont d'abord aucun rapport immédiat ni médiat entre elles, et se trouvent seulement en concurrence au moment de l'interposition de l'Intellect médiateur; et comme l'intervention de ce dernier n'entraîne aucunement l'abdication de leur indépendance originaire, elles s'appliquent naturellement en premier lieu, chacune, tout d'un trait, dans l'appoint qu'elles lui fournissent, et qui reste par conséquent indivis. Donc la force cosinus s'applique tout d'un trait longitudinalement, la force sinus s'applique aussi tout d'un trait transversalement. Par suite, la vitesse *intellectuelle* résultante s'applique tout d'un trait encore[1]; et sans doute, alors, le trans-

---

[1] La conservation de la *force vive* suppose cette instantanéité. Car si, par exemple, le principe de l'égalité des aires n'était point vrai dans tous les instants de la révolution d'une planète, il ne le serait point *élémentairement*, et, ne l'étant point élémentairement, il ne le serait jamais.

port du point commun d'application de ces trois forces, du bout d'un axe de la courbe décrite à l'autre bout, où par hypothèse leur ensemble serait reconstitué dans le même état relatif, peut demander du temps; mais ce temps, qui n'implique aucune absolue variation en la *force vive* et comporte une simple apparence *objective* de modification ou de succession, dans les effets, n'est point encore *réel*, et nous le nommons pour cela *rationnel*. De plus, la force angulaire agit comme concentrée tout entière et perpétuellement au centre des forces; et, puisqu'elle est habituelle ou constante avec la portée qu'indique le bout tournant du rayon vecteur, elle n'anime pas seulement le centre mais occupe virtuellement aussi du même coup toute la surface intérieure de la courbe plane décrite, et le point mobile sur la courbe s'y déplace dès-lors successivement, non parce que la vitesse angulaire ne s'exercerait que là où il est, mais parce qu'elle ne se démontre que là où il est et à son occasion.

Quand tout cela serait vrai, nous dira-t-on ici peut-être, que s'ensuivrait-il ? Il s'ensuivrait ce qui suit. Tout centre foyer de lumière est comparable au Soleil foyer de tous les mouvements révolutifs des planètes. D'après ce qui précède, la vitesse angulaire dont tous ces corps dépendants du Soleil sont animés, leur fait décrire en tout temps une surface plane et continue, dont le contour elliptique, toujours *virtuellement* existant dans son entier, est seulement en apparence ou pour les yeux parcouru pas à pas en temps rationnel; car, les planètes supprimées, la puissance centrale n'en serait pas moins réelle. Supprimons-les alors par hypothèse : la surface elliptique décrite à vide nous représentera l'espace analogue occupé par la lumière *intellectuelle*. D'abord, en effet, puisque nous avons déclaré tous les êtres intellectuels doués d'une véritable *activité*, le déplacement spontané de cette activité leur est expressément attribuable. Puis, nous avons reconnu (§ 10) que cet exercice doit être au moins *formellement* réel, ou bien embrasser à la fois (dans les limites requises d'extension ou d'intensité) tout l'ensemble des deux ressorts intellectuel et physique : donc ces mêmes êtres sont vrais foyers d'une lumière non moins distincte à leurs propres yeux que la lumière sensible peut l'être aux nôtres. Cependant rien n'autorise à penser que cette lumière *intellectuelle* dont ils sont objectivement doués, réunisse toujours explicitement, en elle-même, à ses propres caractères exclusivement *formels*, les physiques ou *sensoriels* de la lumière terrestre, et nous devons plutôt préjuger le contraire, car l'expansion habituelle instantanée de la puissance intellectuelle, tout en impliquant une très-grande finesse et capacité de perception, n'implique aucunement et repousse plutôt toute idée d'*accumulation lumineuse* intensive agissant fortement sur un organisme construit à cette fin; et, cet organisme approprié que nous avons, ils ne l'ont pas. Chez nous, êtres principalement sensibles, la vision est localisée dans les yeux. Chez les purs êtres intellectuels (stellaires ou autres), elle s'exerce par *plans*, ou *surfaces*, ou *cercles*; et par suite elle est ou doit être relativement (sinon absolument) vague ou diffuse. En supposant, alors, que la vision d'un être ainsi constitué rencontre son objet, au lieu de le matérialiser, elle l'idéalise, car cet objet n'étant que l'un des nombreux ou mieux innombrables autres objets analogues qu'elle pourrait rencontrer, elle ne saisit ou révèle qu'un terme abstrait, en apparence absorbé, perdu, dans cette immensité nébuleuse qui lui sert pourtant d'auréole; et le rapport personnel de sujet à objet se réalise en conséquence par *un simple trait lumineux indécomposable à l'intelligence*, sauf en nous, hommes, chez lesquels les actes qualitatifs les plus simples en principe ne s'effectuent jamais sans s'accompagner de *modifications organiques et quantitatives* plus ou moins sensiblement appréciables[1].

14. Une difficulté peut ici beaucoup préoccuper le lecteur, à savoir : celle d'attribuer à la

---

[1] La Science admet, comme nous (voy. Secchi, *les Étoiles*, I, 133) une *double* image des étoiles ; mais, au lieu de les opposer, comme nous, l'une à l'autre à l'instar de *simple* à *complexe*, ou de *qualitatif* à *quantitatif*, elle les oppose dans le rapport de *fixe de position* à *variable de couleur et d'intensité*, ce qui ne nous semble pas rationnel. D'abord, l'image optique pure n'est point incapable de variation spectrale. Puis, quand la variation quantitative s'adjoint à la qualitative, elle l'implique forcément, sans en être impliquée de même à son tour.

lumière *intellectuelle* une réalité quelconque sans remonter aux notions de la *spirituelle* ou descendre à la *physique*; nous allons tâcher de lever cette difficulté. La lumière *intellectuelle* ou formelle tient vraiment en partie de chacune des deux autres lumières *spirituelle* et *physique* : d'abord, elle emprunte à la spirituelle sa *simplicité*, moins l'*infinité*; puis, elle emprunte à la physique son *extension*, moins son *intensité*. Pour la démonstration de ces deux points, on doit nous permettre d'entrer ici dans quelques détails indispensables, sur lesquels nous nous étendrons d'ailleurs le moins possible.

Il y a des *principes spirituels* absolus, tels que la bienveillance, la droiture, etc.; mais il y en a aussi de relatifs connus dans le monde sous le nom de *maximes*, telles que celle-ci : *Traitez les autres comme vous voudriez en être traité vous même*. Ces *maximes* morales ont une certitude héritée par elles des *principes* moraux supérieurs sous lesquels elles se rangent. Voilà pour le rapport du *formel* au *spirituel* : le formel participe à la nature, non des *principes*, mais des *maximes*. De même, il y a des faits *physiques* prétendus absolus, mais qui ne le sont qu'en apparence ou pour nos sens, auxquels nous donnons malheureusement une confiance illimitée, comme quand nous croyons à l'existence réelle (ou vraie dans toute la signification du mot) des *pierres*, des *arbres* ou du *soleil* phénoméniques (croyance dont l'existence incontestable de nombreuses hallucinations diurnes ou nocturnes devrait bien suffire à nous désabuser); et pareillement, il y en a d'autres seulement relatifs, moins positivement saisis que les précédents ou perçus d'une manière seulement indirecte, comme par exemple toutes les *forces vives* nécéssairement préposées aux différents phénomènes d'électricité, de lumière ou de calorique, et toujours représentées par des carrés quand les phénomènes eux-mêmes ou leurs *effets* le sont seulement par des sommes ou quantités de premier degré. Comparant les faits *formels* à ces deux genres de faits *physiques*, on reconnaît sans peine qu'ils ressemblent aux derniers spécialement *virtuels* et non aux précédents *matériels* abaissés aux dernières limites de l'inertie. Pour nous, le *formel* nous offre donc un cas d'union entre les deux concepts de *position* et de *puissance*, tenant à la fois de la secondaire *simplicité* des maximes morales et de la secondaire *extension* des forces vives apparentes ; d'où il résulte qu'il occupe une situation vraiment moyenne entre le *spirituel* et le *physique*, chez lesquels les mêmes caractères ressortent au contraire pour ainsi dire exagérés ou poussés à bout. Et, quand la *lumière* existe sur ce type *formel*, nous l'appelons *intellectuelle*, sans prétendre le moins du monde en exclure pour cela les deux autres types en temps opportun ; car, autant elle était purement *spirituelle* avant de revêtir le type *formel*, autant elle peut encore revêtir, à la suite du type *formel*, le type *physique*, comme nous en avons l'exemple et la preuve dans l'*Électricité*.

L'Électricité, descendue du suprême rang d'agent spirituel, s'offre à nous en deux autres états parfaitement distincts, qui sont ceux de *tension* et de *quantité* ; le premier tout spécialement *formel*, et le second *physique*. Et, comme on ne l'ignore point, le premier tient au nombre des couples de plaques associées, le second tient seulement à la grandeur des mêmes plaques. De plus, la tension est toujours égale au carré du nombre des couples de plaques, quand la quantité s'accroît seulement proportionnellement à leur grandeur ; ce qui nous ramène au rapport des forces actives *au second* et *au premier* degré de la puissance. Mais ce n'est pas tout : dans ce même agent électrique, nous pouvons encore trouver une image fidèle de ce que peut être la lumière aux deux états analogues. L'état de *tension* se confondant à nos yeux avec celui de *force vive* au carré de la puissance, si ce dernier état est le précédent obligé de l'exercice inférieur ou du premier degré, l'électricité doit subsister à l'état de tension avant de se montrer inégalement quantitative ou physique. Aussi ne vient-il jamais en la pensée d'aucun physicien d'imaginer que l'électricité de tension résidant en un corps ne soit l'indispensable condition de toute ultérieure projection d'étincelles à son entour. Universellement, on regarde l'électricité comme réelle en l'état immanent de tension, avant de la concevoir se dispersant en l'état passager de rayonnement accidentel ; et quand on la conçoit ainsi rayonnante, on n'admet point non plus (comme on paraît le faire pour la lumière) qu'elle rayonne *indéfiniment* au loin de tous côtés, mais on admet que ses décharges actuelles, toujours objectivement provoquées, peuvent seulement s'étendre jusqu'à une certaine limite parfaitement déterminée d'avance, et non au-delà. Cette limite est celle des carrés donnés, tels que 2^2, 3^2, etc. Maintenant, ce qu'on peut et doit dire d'un agent physique particulier, peut et doit se dire, dans le même ordre d'idées, de tous les autres. Ainsi, puisque l'électricité subsiste à l'état de tension, la lumière doit pouvoir subsister dans le même état ; et, puisque l'électricité subsistant à l'état de tension est susceptible de rayonnement *simple* ou *fasciculé*, la lumière semblablement constituée doit pouvoir rayonner de la même manière par jets ou *simples* ou *complexes*.

Concevant l'agent lumineux appliqué sous forme de *carrés* 1^2, 2^2, 3^2,... ou de simples *nombres* 1, 3, 5,..., on se représente un phénomène analogue à celui des graves dans leur chute. Prises séparément, les deux séries précédentes ont un sens inverse : la première nous représente les forces dynamiques à l'état statique ou de tension, et la seconde nous représente les états statiques se déployant à l'état dynamique. Or, quand les corps graves descendent vers le centre de la terre, ils passent, suivant la longueur du trajet, par des valeurs absolues carrées, toujours concurremment traduites en valeurs relatives croissantes et successivement égales à la suite des nombres impairs ; et, par la comparaison des deux séries, on voit que chaque carré contient sous lui des sommes d'espaces inégaux parcourus dans la même unité de temps, et dont la comparaison avec les carrés prouve qu'il y a toujours correspondance entre la tenue des forces en temps et l'élargissement des effets en espace. Mais, quand un corps grave tombe, il peut rencontrer sur sa route des obstacles en arrêtant le mouvement, et suspendant par là même l'effet intenté par la force initiale ; est-ce à dire pour cela que cette dernière en devra perdre son intention et son intensité primitive absolue? Nullement : les intentions ou les intensités primitives absolues sont des états psychiques ou virtuels parfaitement indépendants de leur plus ou moins avancée réalisation en effets relatifs externes et statiques en principe ou par essence; et, de fait, les obstacles rencontrés viennent-ils à disparaître, la force initiale réitère sa motion et pousse à l'accomplissement de ses premiers desseins. Après cela, qu'est-ce qui peut nous rester à découvrir, sinon l'origine ou la nature même de ces obstacles tour à tour enlevés ou posés sur la route du libre exercice des forces vives ? A vrai dire, il n'y en a point d'autre, *en principe,* que l'intervention même du temps *réel* ou sensible. Car, prenons pour exemple la force 2 élevée au carré. Restant au point de vue du temps *rationnel,* nous aurions le carré $2^2 = 4 (= 1 + 3)$, qui serait tout à la fois somme et carré sans le moindre retard. Nous plaçons-nous, au contraire, au point de vue du temps *réel* : nous obtenons bien le même produit, mais en deux temps distincts. Or, ce qui sépare en nous ainsi la première donnée du temps rationnel ($= 2$) en deux temps réels consécutifs, ce n'est point la raison ou l'idée, mais le sens externe ou l'organisme. Donc, si nous n'étions qu'intelligents ou rationnels, nous arriverions instantanément à notre but, le carré de notre originaire activité ; mais nous sommes en outre sensibles ou physiquement organisés, et de là vient que nous traduisons en composés fasciculés ou matériels des actes qui, moins concrets ou plus simples, atteindraient instantanément à leur but, même le plus lointain. En résumé, toute émission actuelle lumineuse *simple* est *instantanée*, quoique finie ; toute émission actuelle lumineuse *fasciculée* n'est plus instantanée, mais *successive*. La lumière *solaire*, la seule ayant cours dans le système des corps subordonnés au soleil, est évidemment *fasciculée* : donc elle doit être *temporelle*. Au contraire, la lumière *stellaire* n'offre *presque*[1]

---

[1] Nous disons *presque*, pour ne rien exagérer et ne pas nous exposer à tomber sous le coup de certaines objections qu'on pourrait nous faire, et qui peut-être se résoudraient même mieux dans notre manière de voir qu'en toute autre, comme on peut en juger par l'observation suivante du savant et regrettable Bobinet (*Encyclop. du* XIXe *siècle*, au mot *Occultation*). « Lorsque la lune, dont le mouvement vers l'orient est très-rapide (12° ou 13° par jour), se trouve sur le point d'occulter une étoile, on voit son bord oriental s'approcher peu à peu de l'étoile, et celle-ci disparaître subi-

aucune trace sensible d'agglomération quantitative analogue à la constitution de la lumière solaire ; car, quoiqu'on la puisse diviser *optiquement*, on ne peut aucunement la diviser *thermiquement :* elle est donc au moins quantitativement simple, et par suite *intemporelle*.

15. Par ces conclusions, on voit donc que, tout en admettant la propagation temporelle de la lumière *solaire*, nous pouvons et devons même affirmer l'*intemporelle* propagation de la lumière *stellaire*, ce qui nous permet de soutenir contre M. Guillemin la subite apparition simultanée de toutes les étoiles dès le quatrième jour de la

tement. Si cependant l'étoile est très-brillante, comme Aldébaran, Régulus ou l'Épi de la Vierge ; ou bien si, l'étoile étant moins brillante, le télescope est très-puissant, comme par exemple le gigantesque télescope de lord Rosse, l'étoile persiste à être visible sur le disque de la lune pendant un très-petit nombre de secondes. C'est là un phénomène d'Optique inexpliqué jusqu'ici .. » Est-ce que ce phénomène n'impliquerait point par hasard un mélange initial de lumière *sensible* à l'*intellectuelle* instantanée préalable, mélange occasionnant alors le retard observé dans la circonstance décrite ? Dans notre théorie, nous pourrions donc expliquer ce qu'en dehors d'elle on avoue n'être point explicable...

création mosaïque. Et M. Guillemin ne peut alors aucunement se prévaloir contre nous de l'expérimentale détermination de la vitesse de la lumière solaire évaluée par les astronomes ou physiciens à 77,000 lieues environ, car les astronomes ou physiciens ont toujours pris, pour obtenir cette évaluation, leurs mesures sur la seule lumière solaire, dont nous avouons pleinement d'avance le successif déroulement ; et, puisqu'il n'ont mesuré que cette lumière, on ne peut vouloir soumettre sans arbitraire au même mode de propagation la lumière *stellaire*, qui peut bien alors se propager tout autrement. Cependant, au lieu du précédent argument, évidemment dénué contre nous de toute valeur, M. Guillemin pourrait bien vouloir en invoquer un autre emprunté cette fois au phénomène de l'*aberration*, ainsi nommé parce que, en raison du temporel et simultané déplacement de la *lumière* et de la *terre* dans l'espace, les étoiles n'apparaissent point aux mêmes lieux du ciel où de fait on devrait les apercevoir, si la terre ne se déplaçait point. On explique généralement ce phénomène, en partant de l'hypothèse de M. Guillemin que déjà nous savons admettre une propagation uniforme des rayons lumineux dans toute l'étendue des cieux, et faisant des deux vitesses connues de déplacement concernant et la *lumière* et la *terre*, deux composantes dont la résultante contiendrait en un point de sa direction la position apparente de l'astre observé. Nous n'avons rien à dire contre cette théorie, sinon qu'elle est faite ou construite à l'envers, et porte par là même à faux contre nous, à qui seule elle est, une fois bien entendue, favorable.

Évidemment et de l'aveu de tous, l'inégal éloignement des étoiles n'influe d'aucune manière sur le phénomène en question, car l'*aberration* est la même pour toutes les étoiles[1]; toute l'opé-

---

[1] Ce fait d'observation est universellement admis; mais l'a-t-on assez approfondi? Très-probablement non; et peut-être, en l'étudiant mieux, en pourrons-nous tirer un argument démonstratif en notre faveur. Les astronomes, tout en attribuant à la lumière stellaire une *vitesse uniforme* de propagation, sont obligés de lui reconnaître également une *vitesse variée* d'éclairement ou d'intensité, puisqu'elle décroît certainement proportionnellement aux carrés croissants de la distance. Arrêtons-nous sur ces deux données incontestées de vitesse *uniforme* de propagation et *variée* d'éclairement.

ration systématique à faire, roule donc sur les deux vitesses à comparer ; et, les comparant alors en adoptant pour *unité* de vitesse lumineuse la valeur *déduite* de la lumière *solaire*, on a trouvé que, la vitesse de déplacement du globe terrestre étant 1, celle de la lumière *stellaire* serait de 10,000. Soit ! Nous acceptons ce rapport ; nous observerons ou ferons observer seulement qu'il est aussi bien applicable dans notre sens que dans le sens de M. Guillemin. Car nul n'a me-

Deux étoiles de *même* grandeur peuvent bien, malgré cela, nous apparaître appartenir à deux ordres consécutifs *inégaux* de grandeur, par inégale répartition dans les profondeurs de l'espace, et, dans ce cas, elles ne jouissent point (d'après ce qu'iprécède) de la même *intensité d'éclairement*, quoique, au dire des astronomes, elles possèdent la même *vitesse de propagation*. De ces deux données admises, quelle est alors celle qu'il convient d'assigner pour co-composante à la *vitesse de translation terrestre* dans le parallélogramme des forces motivant l'aberration ? Est-ce d'abord, comme l'insinuent les astronomes, la seule *vitesse de propagation* ? Nullement. Car cette vitesse-là, séparée de tout éclairement, n'est rien de *physique* ni de directement observable, mais une pure abstraction, une idée *formelle*. Or, évidemment, sans éclairement aucun, point de propagation lumineuse. Donc la co-composante assignable n'est point la seule *vitesse uniforme* de propagation. Sera-ce,

suré ni ne sait la vitesse propre de la lumière *stellaire*. Est-elle égale à 10,000, comme on l'admet, ou bien à 1 (par instantanéité), comme nous le prétendons? La chose est au moins incertaine. Que les astronomes la veuillent alors égale à 10,000, ils en sont les maîtres, mais nous avons le même droit de la vouloir égale à 1; est-ce que le rapport précédemment admis entre les deux vitesses de déplacement en sera sensiblement modifié? Pas le moins du monde. Seu-

maintenant, la seule *vitesse variée* d'éclairement? Pas davantage. Car, avec cette nouvelle co-composante variable d'étoile à étoile, la résultante exprimant l'aberration n'offrirait plus l'uniformité constatée pour toutes les étoiles sans exception; cette nouvelle hypothèse est donc aussi impossible que la précédente. Procédons alors autrement, et, prenant à la fois les deux vitesses *uniforme* de propagation et *variée* d'éclairement, admettons (pour obtenir l'uniformité finale) l'*instantanéité* d'application de toutes deux : dans ce cas, il est évident qu'elles constitueront une composante unique opposable à l'également unique autre composante constituée par la *vitesse de translation terrestre*; et l'effet commun en sera nécessairement unique et général ou singulier, comme elles, conformément à l'observation. L'*uniformité d'aberration* implique donc et par là même démontre l'*instantanéité* du rayonnement stellaire.

lement, au lieu de poser 10,000 : 1, nous devrons poser $1 : \frac{1}{10000}$, ce qui revient évidemment au même. Le phénomène de l'aberration s'explique donc aussi bien dans notre théorie que dans la théorie commune, dont l'intrinsèque défaut d'être trop hypothétique est par là même mis à jour, puisqu'elle a jeté M. Guillemin sur la voie de conséquences subversives de la révélation et même de la raison, quand la nôtre les éclaire et les appuie fortement au contraire toutes deux.

16. Après avoir réfuté la seule objection que M. Guillemin pouvait nous opposer, nous pourrions à notre tour invoquer contre lui de nouveaux arguments, cette fois *ad hominem*, en lui demandant de nous dire, par exemple, sur quels principes il se fonderait, soit (contrairement à nos raisons du § 6) pour dénier au Créateur le pouvoir de produire aussi bien des astres vieux que des astres jeunes, ou des rayons à terme aussi bien que des rayons naissants, soit (contrairement à ses propres idées, suivant lesquelles les rayons iraient toujours en avant pendant des milliers d'années) pour expliquer la perpétuelle

apparente uniformité du firmament étoilé depuis l'origine des temps historiques, malgré la constante probabilité d'un afflux incessant de rayons lumineux émanant des profondeurs de l'espace. Car, s'il est possible à Dieu de faire à la fois du neuf et du vieux, le ciel primitif a pu manifestement ressembler au ciel actuel ; et si la lumière peut se propager sans fin indépendamment des forces vives, alors seulement bonnes à la projeter hors de leur sein, l'état du ciel devrait se bouleverser incessamment par le départ d'astres anciens ou l'arrivée de nouveaux. Ces considérations ne valent assurément que contre la théorie de M. Guillemin, et par elles-mêmes ne décident rien ; elles ont cependant le mérite de montrer que la vérité ni la raison ne sont de son côté, tandis qu'elles peuvent être du nôtre. Au lieu d'insister alors sur ces combats d'escarmouche, revenons à notre grand champ de bataille, la division des lumières en *spirituelle* (absolument instantanée), *formelle* (relativement instantanée) et *physique* (temporelle). Dans la lumière *spirituelle*, l'instantanéité de propagation est telle qu'on n'y saurait distinguer qu'*imagi-*

nairement entre principe et fin, tant la fin est identique au principe !... Dans la lumière *formelle*, le rapprochement entre le principe et la fin des mouvements ne comporte plus la même intimité de relation, mais pourtant l'alliance en reste assez étroite pour que, *formellement* assignable, elle ne le soit jamais *sensiblement*, et tombe sous ce rapport au-dessous de toute appréciation possible. Dans la lumière *physique*, au contraire, cette appréciation est toujours possible approximativement, sinon parfois exactement. Au moyen de cette distinction, nous avons pu résoudre déjà la grande question de la *vitesse absolue* de la lumière ; au moyen de la même distinction, nous essayerons maintenant de résoudre également celle bien plus grande encore de la *première origine* des choses, toujours divisible en trois moments : l'*éternel*, le *perpétuel* et l'*initial*, que sa prolongation facultative fait souvent appeler aussi *temporel*.

17. L'idée du premier instant ou de l'origine des choses, qui semblerait, abstraitement envisagée, devoir être très-simple, est au contraire

essentiellement complexe. Car, au lieu de se réduire, en l'Être actif, à celle d'un simple *terme* élémentaire analogue à chacun des termes ultérieurs, elle implique nécessairement en outre celle d'une *force* grosse de toute la série réelle et finie des mêmes termes, et par là-même héritière ou représentative d'un passé correspondant, et encore celle d'une *puissance* infinie radicale, éternelle, grosse tout à la fois et de la *force* préalable et du *terme* élémentaire s'y rattachant en manière d'incrément initial et perpétuel. Réunissons-nous alors en un seul genre ces trois rôles éminemment distincts : nous retrouvons en leur tout une répétition des propriétés irréductibles de la lumière déjà reconnue (sous ses trois formes *spirituelle, intellectuelle* et *sensible*), susceptible des mêmes aspects ; c'est pourquoi l'on ne doit pas pouvoir comprendre le jeu radical de la lumière sans comprendre également du même coup l'intime fonctionnement de l'Activité radicale elle-même dans le *premier instant*, à la fois éternel, perpétuel et temporel.

D'après ce que nous savons présentement, des trois lumières *spirituelle, intellectuelle* et *physique*, la première est *éternelle*, la seconde *perpétuelle*, la troisième *temporelle* ; et nous n'en changerions point la notion caractéristique, si, portant toujours notre spéciale attention sur le *temps* alors toujours impliqué (non sur l'*être*, qu'on le remarque bien !), nous disions encore la première *imaginaire*, la seconde *rationnelle*, et la troisième *objectivement réelle* seulement ; par où l'on voit qu'ici les aspects *éternel* et *imaginaire, perpétuel* et *rationnel, temporel* et *objectivement réel*, se confondent deux à deux ou ne se séparent point. Or, la question de *temps*, identique à celle de *point de départ* et de *point d'arrivée*, ou bien de *principe* et de *fin*, de *sujet* et d'*objet*..., n'est point seulement d'abord une question essentiellement *intellectuelle* (puisque c'est toujours l'Intellect qui distingue); elle est de plus essentiellement *subjective* en ce sens qu'impliquant toujours, pour exister, un sujet pensant, elle est de même inversement toujours impliquée par ce même sujet, dont elle caractérise alors la fonction par son acte intrinsèque le plus inaliénable ou le plus nécessaire ; car il serait entièrement impossible de penser en aucune manière, si l'on n'avait déjà la notion du temps avec ses distinctions de points de départ ou d'arrivée, de principe et de fin, etc. Cette notion, *absolument* envisagée, se réduit assurément à celle de simple *suite* ou *série* ; mais, appliquée *relativement* par l'Intellect ou la puissance de penser en général, elle se prête aussitôt aux trois aspects susdits et fondamentaux *éternel, perpétuel* et *temporel*. Il y a donc radicalement trois fonctionnements spéciaux de l'Intellect personnel ou potentiel, lesquels se concilient d'ailleurs respectivement (d'après ce qui précède) avec les notes d'*imaginaire*, de *rationnel* et d'*objectivement réel*. Donc, le même Intellect *absolu* qui représente *en général* le temps ou la succession, représente encore *dans l'espèce* le même objectif ou le temps comme tour à tour *éternel-imaginaire, perpétuel-rationnel, temporel-objectivement réel*, et la seule chose qui peut après cela nous rester à trouver, c'est l'exacte désignation de son fonctionnement sous cette triple face. Mais cette désignation est déjà faite dans la réduction ou l'attribution des trois lumières *spirituelle, intellectuelle* et *sensible*, à la même puissance intellectuelle *absolue* par trois fois *relativement* envisagée comme *parole interne* infinie dans le premier cas, *force vive* indéfinie dans le second, et simple *agent passif* (ou *négatif*) fini dans le troisième.

La parole interne, radicale au moins, est bien le siége éternel subjectif des idées objectives et nécessaires, puisqu'ici l'objectif invariable par hypothèse n'est point concevable sans la préalable invariabilité du subjectif auquel il se rattache. Mais ce même sujet absolu qui conçoit le *nécessaire absolu*, n'est point incapable d'adjoindre à cette même représentation fondamentale les deux représentations moins radicales (en tant qu'hiérarchiquement subordonnées ou dérivées) de *perpétuité rationnelle* ou de *succession objectivement réelle*; et, dans le premier de ces deux derniers cas, il fonctionne comme agent constant ou *force vive*; dans le second, il fonctionne comme *agent passif éphémère* ou force simplement actuelle, élémentaire, en qualité, par exemple, de premier, ou second, ou — dernier terme de série réelle. Le même sujet intellectuel *absolu* peut donc jouer *relativement*, par trois fois ou sous trois formes distinctes, un rôle *foncièrement* identique ; le jouant trois fois sans perte d'*identité* réelle, il renferme *trois* instants relatifs en *un seul* absolu ; et dès ce moment sa notion est ainsi pleinement déterminée sous toutes ses faces spéciales essentielles ou possibles. Sous sa première face relative interne, l'Intellect clôt l'*éternité* ; sous sa seconde face relative, il ouvre le vaste champ du temps indéfini rationnel qui est le *ciel* ; et, sous sa troisième face, essentiellement transitoire, il renoue passagèrement, mais (au besoin aussi) périodiquement, au terme de ses évolutions qui est la *terre* et, par autant de reprises qu'il peut exister de ruptures éventuelles, les deux séries imaginaire et rationnelle ou bien éternelle ou perpétuelle.

Ce que nous venons de dire sur la successive simultanéité des trois aspects relatifs en l'Absolu pouvant ne pas paraître suffisamment clair à tous, nous insisterons et tâcherons de le mieux éclaircir encore, si c'est possible. Soit la division des êtres en trois degrés suivant les formules $1^3, 1^2, 1^1$; soit, en outre, le premier de ces genres d'être appelé *puissance*, le second *tendance*, et le troisième *acte* ; et figurons enfin les trois genres, présupposés à la fois *absolus* et *relatifs*, par les trois sommets d'un triangle équilatéral : il est clair que nous pourrons faire porter (en signe d'*absolue position*) tour à tour le triangle sur chacun de ses sommets, ce qui nous donne trois sortes d'êtres respectivement absolus, à savoir : les *potentiels* divins, les *tendantiels* angéliques, et les *actuels* humains. Et tous ces êtres s'impliquent alors en même temps qu'ils s'excluent, mais diversement, puisque, par *absolue position* respective, les premiers sont principalement *éternels*, les seconds *perpétuels*, et les derniers *temporels*. Cette *absolue* position respective, seule exclusive de toute autre analogue, n'empêche point l'inhabitation en elle des deux autres, mais sous forme relative seulement. L'éternel cohabite donc constamment avec le perpétuel et le temporel, et réciproquement ; mais, au moment où chacun de ces trois relatifs s'érige à tour de rôle en *absolu*, les deux autres relatifs restent exclusivement relatifs et fonctionnent à son égard à titre de simples *ac-*

cidents ou *modes*, tandis qu'il s'approprie respectivement le rôle d'*essence*. Il y a par conséquent une essence humaine, une essence angélique, une essence divine ; mais, où règne l'essence divine, l'essence angélique descend au rôle secondaire de mode, et l'essence humaine s'abaisse au rôle tertiaire d'accident. Au moment où l'essence angélique et l'essence humaine prennent à leur tour le dessus, tous les rôles respectifs se modifient proportionnellement ; mais cela n'empêche point l'ordre primitif de se perpétuer en quelque sorte souterrainement sous tous ces remue-ménage apparents, d'autant moins solides ou puissants qu'ils sont ou plus formels ou plus sensibles. Ainsi, le vrai moment principal, universel et perpétuel, est celui de l'Intellect divin éternellement contemplatif, invariable dans ses plans et seulement actif en son heure comme il lui convient de l'être pour attester au dehors l'étendue de sa sagesse ou l'infinité de sa puissance ; c'est pourquoi, dès qu'un autre être intelligent quelconque, angélique ou humain, arrive au même degré de liberté, de sagesse ou de puissance, on peut le dire revenu de son dernier moment à son premier, qui ne s'en distingue point, sauf imaginairement ou rationnellement, comme c'était le cas à l'origine.

18. L'éternelle Vérité s'étant manifestée de tout temps et de toute manière (Hébr. I, 1) aux hommes, nous aurions regret de clore ce travail sans pouvoir le montrer conforme à sa parole, trop souvent incomprise ; mais nous pouvons citer un texte des Saints Livres justement écrit, comme si nous l'eussions rédigé nous-même ; et ce texte est la première parole, même révélée, dans laquelle sont parfaitement articulés les trois moments vraiment (quoique diversement) essentiels de l'infinie puissance initiale : *In principio creavit Deus cœlum et terram* (Gen., I, 1).

Pour opérer la double création céleste et terrestre, Dieu devait réunir, en sa plénitude radicalement indivise de puissance, trois choses : 1° la *distinction intellectuelle* d'imaginaire à réel ; 2° une *caractéristique différentielle* élevant cette première distinction intellectuelle, très-réelle sans doute, mais dans l'ordre purement intelligible encore, au rang de tendance constante ou de force vive ; et 3°, enfin, au moins une image ou figure (en manière de *coefficient différentiel* abstrait) de toutes les fonctions réalisables et *finies* de la première fonction *infinie*, déjà munie par hypothèse de son *indéfinie* différentielle. Par la *distinction* entre imaginaire et réel, il avait en main la puissance de l'être virtuel subjectif tout entier ; par la *différentielle* adjointe, il disposait des forces vives ou formelles ; et, par l'addition du coefficient différentiel toujours abstrait avant ses applications mais non après, il complétait son œuvre en l'élevant au rang des phénomènes objectifs et finis palpables ou matériels. Or, c'est ce que nous apprend en termes aussi simples qu'énergiques le texte cité plus haut : *In principio* désigne l'*élément* éternel et radical, auquel s'adjoint ensuite, par la divine opération, le *mode différentiel* céleste ou constant (*cœlum*), ainsi que l'*accident numérique* ou coefficient différentiel arbitraire et variable terrestre (*terram*). Le mot *creavit* signifie que Dieu, se désistant du mauvais procédé de toujours poser et de toujours enlever sans utilité, commence par se donner un point de départ fixe ou perpétuel, mais s'en tient d'abord à ce premier pas. Aussi l'Écrivain sacré ne manque pas d'ajouter (verset 2) : *Terra autem erat inanis et vacua* ; et la raison en est évidente. En la première indétermination du *coefficient différentiel*, la contingence flottait encore pour ainsi dire *à tout vent* ; et le premier état de la création, avant toute ultérieure détermination quelconque de *temps*, ne pouvait être que le *chaos*. Pour y mettre fin, une nouvelle opération divine devait survenir ; Dieu l'émit en prononçant le célèbre *Fiat lux*, et de suite la lumière parut, illuminant d'abord, comme *formelle*, les régions célestes, avant de se répandre ensuite, comme *physique*, à torrents dans les terrestres, où l'abondance du jour se rachète trop souvent par des ténèbres périodiques aussi profondes.

FIN.

TABLE DES MATIÈRES

Avant-Propos...............................	§§
Abus de la théorie régnante sur la vitesse de la lumière................................	1
Sa réfutation : 1° au point de vue *physique* pur ; 2° au point de vue *physico-philosophique*.	2
Considérations générales. Du nombre et du genre des lumières......................	4
De la lumière *spirituelle*...................	8
De la lumière *intellectuelle*...............	10
De la lumière *physique*....................	11
De l'espèce et du degré de la vitesse de propagation des lumières *spirituelle* et *intellectuelle*...................................	12
Simplicité de la lumière *intellectuelle*; ses rapports avec la *spirituelle* et la *sensible*, son instantanéité...........................	13
Réponse à l'objection tirée de l'aberration ; véritable interprétation de ce phénomène.....	15
Quelques considérations accessoires.........	16

Distinction des trois instants essentiels en l'acte absolu créateur ; désignation de ces trois instants, et leur représentation symbolique... 17
Interprétation, au moyen de cette théorie, du 1ᵉʳ verset du 1ᵉʳ chapitre de la Genèse...... 18

FIN DE LA TABLE.

ERRATA DU PRÉCÉDENT Nº 5.

Pag. 35, ligne 23 : au lieu de *respectueusement*, lisez *respectivement*. — Pag. 51, ligne 16 : au lieu de *expériences*, lisez *espérances*.

En Vente chez SEGUIN, Libraire
rue Argenterie, 25, à Montpellier

OUVRAGES DU MÊME AUTEUR

Examen de la rationalité de la Doctrine Catholique. 1 vol. in-8°. 1849.

La clef de la Philosophie, ou la vérité sur l'Être et le Devenir. 1 vol. in-8°. 1851.

Traité des Facultés. 1 vol. in-8°. 1859.

De Categoriis. Dissertatio philosophica. 1 vol. in-8°. 1859.

Principes fondamentaux de Philosophie mathématique. 1 vol. in-8°. 1860.

De la pluralité des mondes. 1 vol. in-12. 1861.

Traité des Actes, Sommaire de Métaphysique. 1 vol. in-12. 1862.

ÉTUDES DE PHILOSOPHIE NATURELLE.

N° 1. **Système des trois règnes de la nature.** 1 vol. in-12. 1864.

N° 2. **Réponse directe à M. Renan, ou démonstration philosophique de l'incarnation.** 1 vol. in-12. 1864.

N° 3. **De l'expérience de Monge au double point de vue expérimental et rationnel.** 1 vol. in-12. 1869 (3° édition).

N° 4. **De l'ordre et du mode de décomposition de la lumière par les prismes.** 1 vol. in-12. 1870.

N° 5. **De l'ordre et du mode de décomposition de la lumière par les prismes ;** Nouvelles preuves à l'appui. 1 vol. in-12. 1872.

N° 6. **Sens et rationalité du dogme eucharistique.** 1 vol. in-12. 1872.

N° 7. **Démonstration psychologique et expérimentale de l'existence de Dieu.** 1 vol. in-12. 1873.

www.ingramcontent.com/pod-product-compliance
Lightning Source LLC
LaVergne TN
LVHW050648090426
835512LV00007B/1095